Wolfgang

Machs in Berlin

MARCO POLO

is' aber ziemlich flach hier
so um 1990
so machte er's
17. Juni
ich bin zu Fuss, beim Joggen, mit dem Rad, am Wasser durch Berlin gestreunt
und oft hab ich mit dem Bären getanzt
Kreuzberg
Spree
Friedrichshain
www.peanutz-architekten.de

KLEINER, WAT KIEKSTE SO?
I ♡ YOU ICH WILL DICH DURCH UND DURCH -ÄÄH- JEDES DEINER HÄUSER KENNENLERNEN
ALS ARCHITEKT & KÜNSTLER HAT MEIN AUTOR ÜBER 20 JAHRE MIT BERLIN GESPIELT. VIELES VON DEM, WAS ER IN DIESER WUNDERBAREN STADT ENTDECKT HAT, STECKT IN MIR.
GUSTAV GEBOREN IN BERLIN

WIE WILLST DU, DASS ICH DICH NENNE?

□□□□□□□□□□

□□□□□□□□□□

WELCHEN KOSENAMEN GIBST DU MIR?

DEINE TOUCH ID

5 MIN

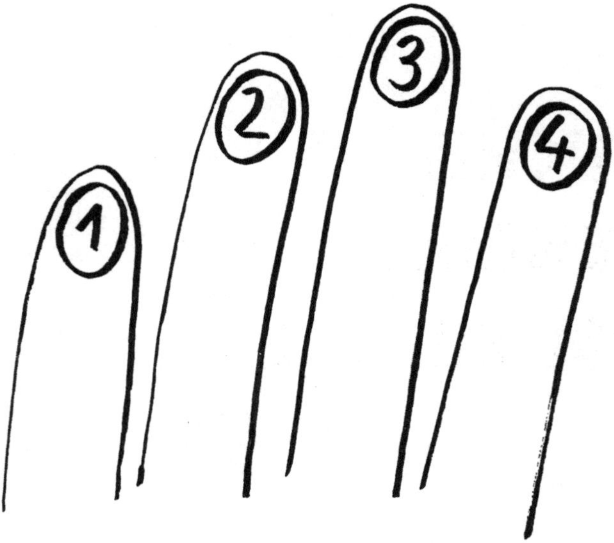

BIST DU ???

- ☐ ZWEI BERLINER
- ☐ UR-BERLINER
- ☐ WAHLBERLINER
- ☐ EXBERLINER
- ☐ EIN PFANNKUCHEN
- ☐ NIX VON DEM

Schreibe
die Geräusche,
die dein
Lieblingstier
macht, in die
Sprechblase

GiB mir Die StaDT
be knackt
NEIN
HAU AB
STOP

nimm mICh iMMER MIT

NIMM MICH MIT INS BETT

SEI DABEI HEMMUNGSLOS
dieses GRAU Schattieren hält kein bleistift durch

benutze Stift, Spucke & Dynamit

M@ch dabei Selfies

hab keine angst um mich!

Lerne, Verlust zu akzeptieren

BERLIN IST

. . . .

aBer

. . . .

I YOU
BERLIN

WEIßT dU,
meINE SEitEN
sind BALD
NICHt MEhR
WEIß!

borge in einem café in mitte einen stift aus und mal die seite drüben damit komplett voll

AQUARELLIERE IM CAFÉ WINTERGARTEN MIT ESPRESSO EIN BILD VON FRIEDRICH DEM GROSSEN

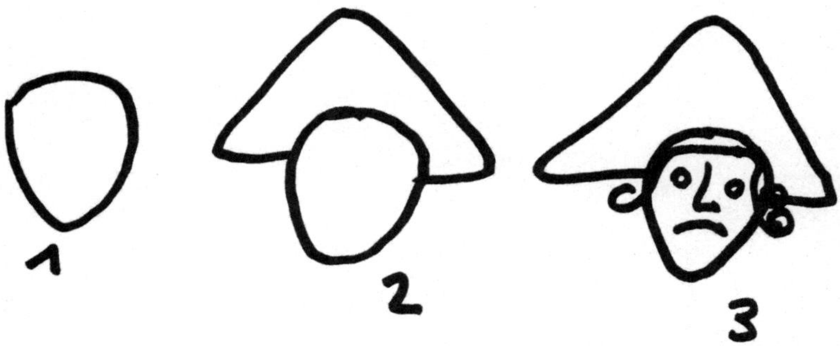
1
2
3

bELAUSChe demonstrativ dEN NEBENTISCh IM Café EInSTein in DEr KurfÜRStENStRAßE UNd SChREIbE MIT

bestelle in der confiserie orientale einen türkischen mokka. deute im kaffeesatz deine zukunft

füLLE DIE VISItENKArTEN
mIT DEINEN dATEN aus
UND VErTEILE SIE in
KrEUZKÖLLNER Cafés
an die rICHtIGEN tYPEN

ICkE

TEl
eMaIL

ICkE

TEl
eMaIL

ICkE

TEl
eMaIL

ICkE

TEl
eMaIL

ICkE

TEl
eMaIL

ICkE

TEl
eMaIL

ICkE

TEl
eMaIL

ICkE

TEl
eMaIL

ICkE

TEl
eMaIL

ICkE

TEl
eMaIL

Willst du mit mir

Ich will dich kennen lernen

Willst du unvernünftig sein? Ruf an

Lust auf du & ich?

Einladung zum streunen mit mir

Lass uns gemein-sam um die Häuser ziehen

Nimm mich MIT

Du siehst gut aus

Hast du am
○ Montag ○ Dienstag
○ Mittwoch ○ Donnerstag
○ Freitag ○ Samstag
○ Sonntag Zeit?

Heute Zeit ver-schwen-den

IST DURCH DIE KARTENAKTION WAS AUFREGENDES PASSIERT? SEI EHRLICH ZU MIR, WAR ES PEINLICH?

O JA O NEIN

HAST DU EINE OHRFEIGE KASSIERT?

O JA O NEIN

WIE VIELE ANRUFE HAST DU BEKOMMEN?

O 0 BIS 3
O 4 – 11
O 13 ODER 15
O ÜBER 100

Was ist tagsüber geschehen?

und in der Nacht ?

Oder war es nur ein Traum ?

lass die Leute in
deiner Lieblingsbar
dieses Bild weitermalen

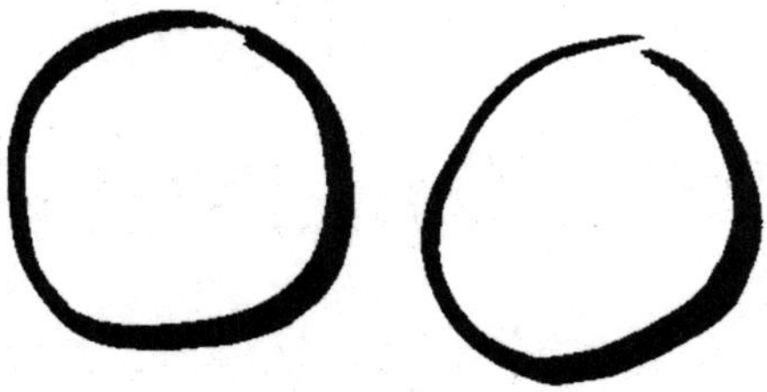

LASS dIR DEN
WEG ins
FC magneT
AUfZEICHNEN

SPIEL MIT MIR AUF DEM WEG STREETSOCCER
CALL ME BALL

mittE
augen

Kinn

MITTE

AUGEN

KINN

eine runde s-bahnring:
buch aufs knie
spür den rhythmus
fühl den beat
zittert der stift
im takt ratakt
deiner träume mit

BOBOBORNhOL

Geh zum Burgermeister, bestelle einen Meisterburger und drucke alle Zutaten hier ab

LASS DIR VON DEN
PUNKS AM ALEX
EINEN SPRUCH INS
BUCH SCHREIBEN

Fasse die berliner Luft in Worte

ihhH SCHILLER

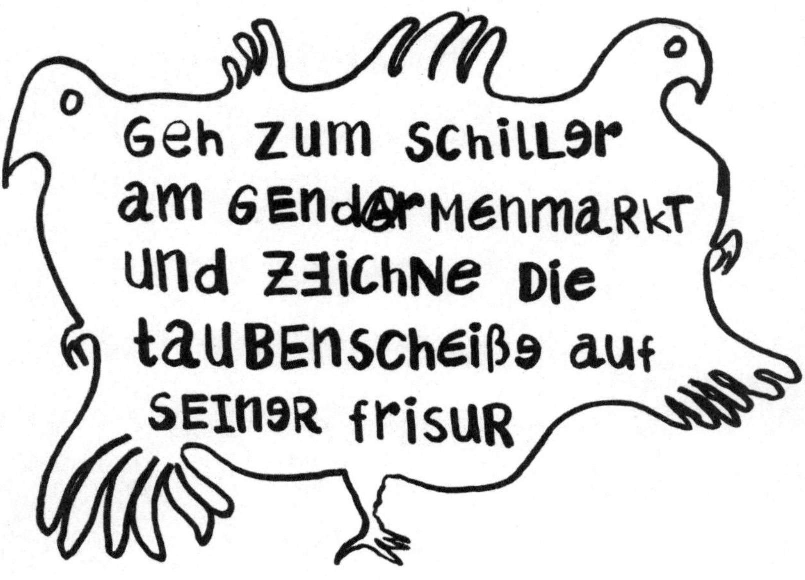
Geh zum Schiller
am Gendarmenmarkt
und Zeichne Die
taubenscheiße auf
seiner frisur

mach bei sonne
ein Nickerchen
im Strandbad
Wannsee

SCHNEIDE DIE KREISE AUS UND KLEBE SIE MIT SPUCKE AUF DEIN GESICHT

WIR SIND NICHT DIE VOM STRAND-BAD WANNSEE
KENNST DU UNS?

HeUtE

GeSChLOSSEn

hänge dieses schild vor die tür des einwohnermeldeamtes im blauen rathaus

notiere die Döner-Preise in der Karl-Marx-Straße

nur
€
SÜPER
BILLIG

Sammle hier Proben von Dönersaucen

Schick der Queen
Grüße von Berlin
und
wirf die Seite
in den Briefkasten
der Brritischen
Botschaft

TO
her MAJESTY
thE QUEEN

ZeiChNE EiNE
SeX PiStOL

hi
süsser

male der hübschen
mit konnopkes
weltberühmtem
ketchup einen
kussmund

KLEBE DIESES SCHILD AUF EINE PARKBANK UND BEOBACHTE.

FILME & LADE DAS VIDEO HOCH

VorSiCht!

FriSCh GeStRiCHEn

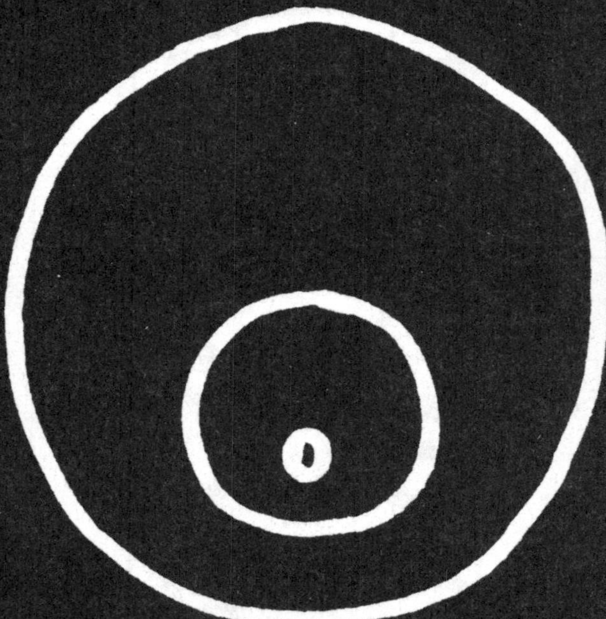

kaLIBRiere

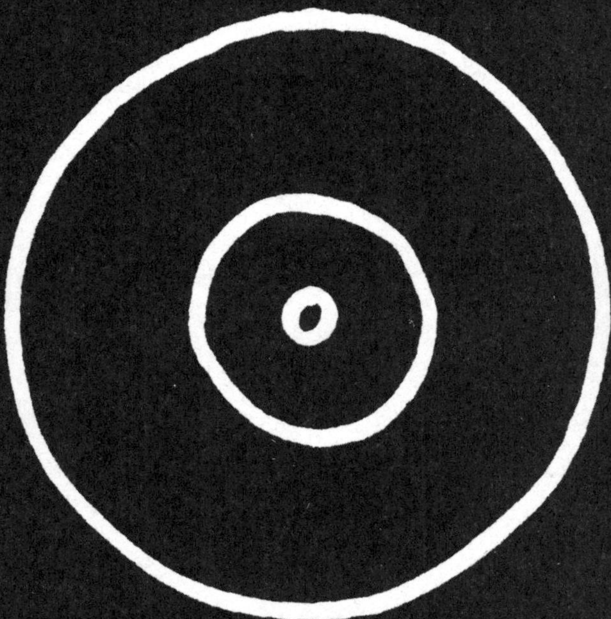

DEINE AUGEN

TIPP: Lass dir DAS Pilsator schmecken

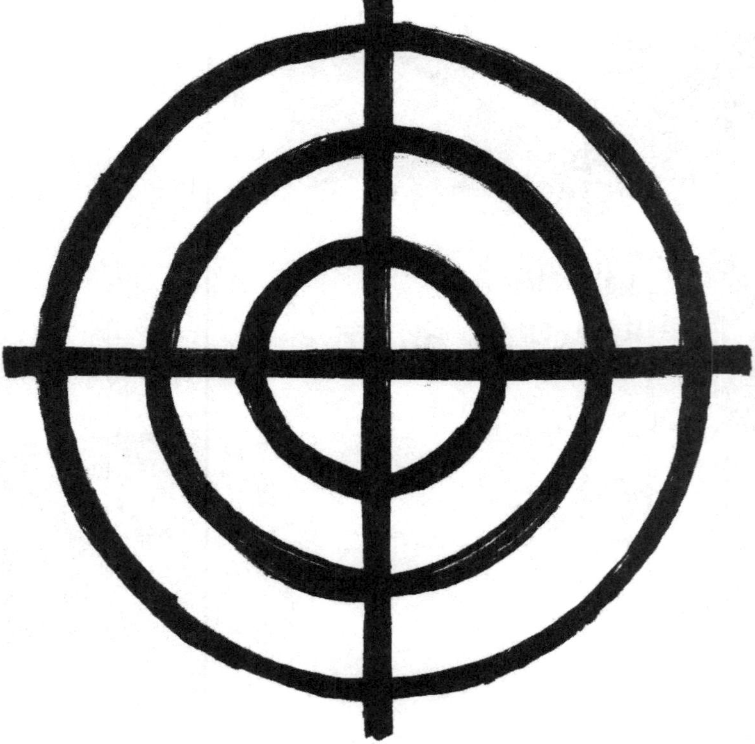

GEHE IN den ZOOLOGISCHEN GARTEN UND LASSE EIN LAMA hier drauf-SPUCKEN

HILFE

Freunde Dich mit einem Kampfhundbesitzer in der Hasenheide an und gib dem Hund das Buch zum Spielen

vergrabe im
humboldthain
einen schatz

zeichne eine
schatzkarte
und hänge sie
an einen baum

beobachte!

filme & lade das
video hoch

SCHATZKARTE

X ⟸ hier

HOL IHN DIR!

1€

KlEBE GENaU dORt EinE MÜNZE HIN

gib mir einen Schluck Schultheiss zu trinken

eEn kÜHleT BLONDEt is WaT feINES !

Gehe zum
Landwehrkanal
und werfe die
Rose in Erinnerung
an Rosa Luxemburg
ins Wasser

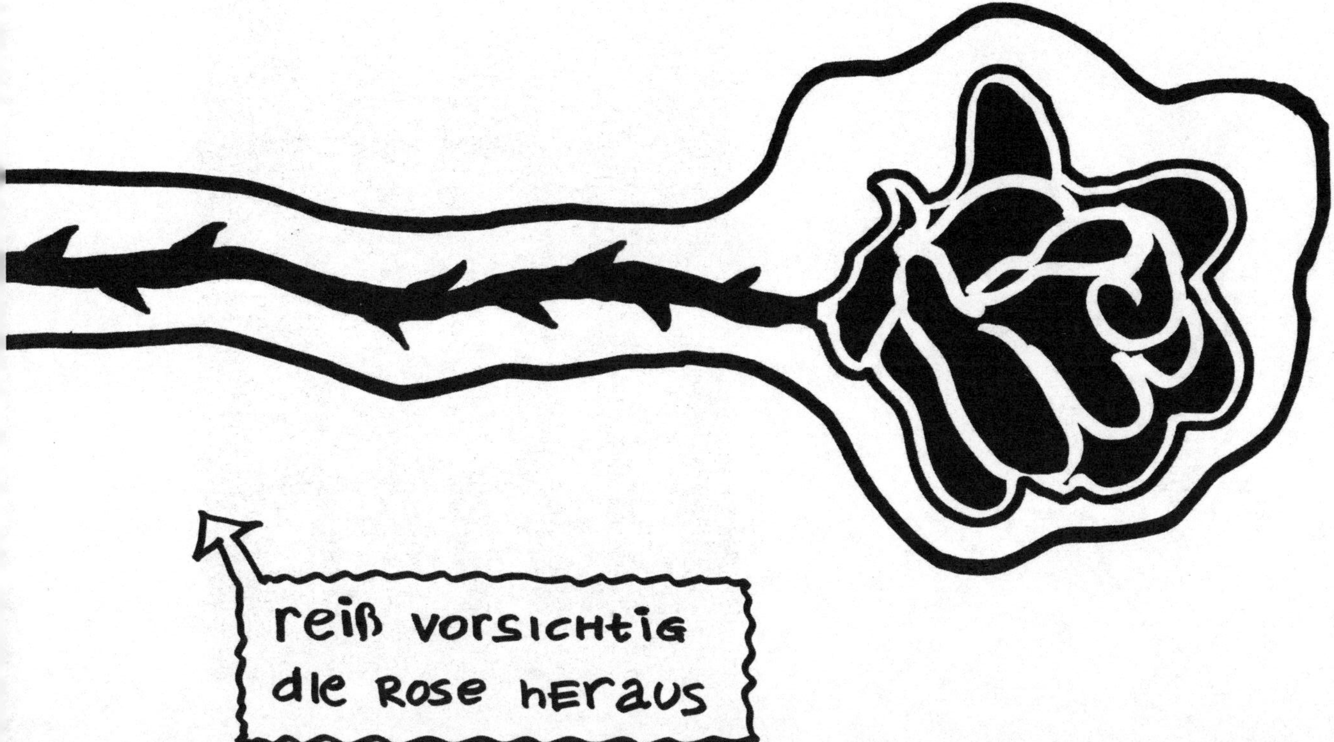
reiß vorsichtig
die Rose heraus

ergänze den LÜCKENTEXT

GEHE IN DIE ROTE ROSE
IN DER ADALBERTSTRAßE
UND LASS DIR BEIM
AUSFÜLLEN HELFEN

FÜR MICH SOLL'S ROTE ROSEN REGNEN

MIT .. SAGTE ICH STILL:
... WILL,
.... GROß SEIN, NIE .....

FÜR .... ROTE..... ......
MIR SOLLTEN SÄMTLICHE ...... BEGEGNEN,
DIE .... SOLLTE SICH ....
UND IHRE ...... FÜR SICH ....

WILL ..... NOCH ......
WILL ..... ODER ......

FÜR ....
MIR ...... GANZ NEUE ...... BEGEGNEN

male Hildegard knefs Busen

verbrenne
diese seite
auf der
oberbaum brücke

Schreib oder mal auf die Seite, was dich wütend macht

SPIEL MIT MIR!
mACh'S IN

erLiN

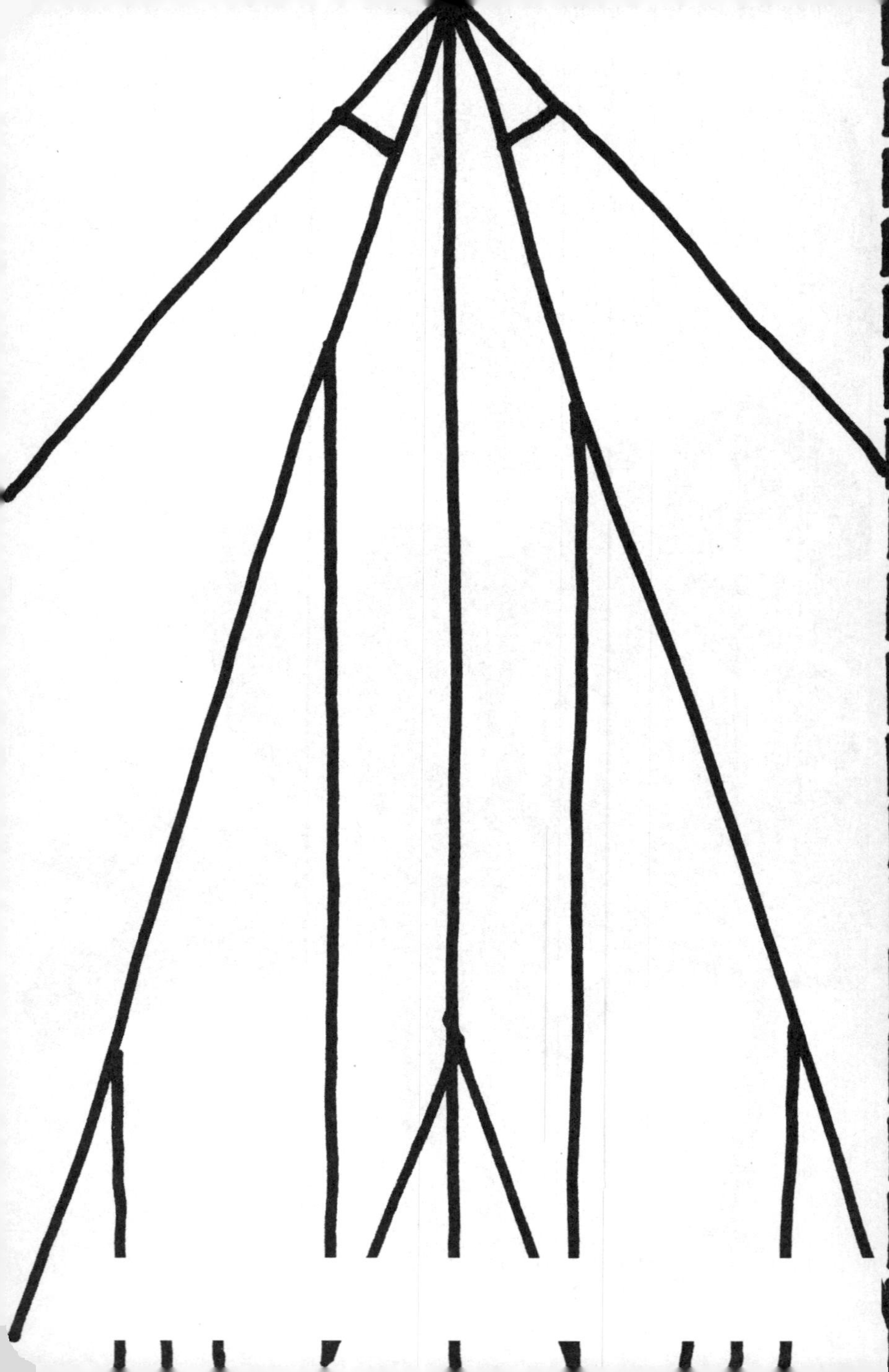

reiss mir eine seite raus, falte einen flieger und lass den Rosinenbomber auf der Tempelhofer Freiheit umhersegeln
Ick bin eene Rosine

Beschreibe die Seite mit Slang aus den Eckkneipen von Moabit

DU hast JESACHT, wie`t is

auch Dein~~e Zeit~~ Ende
wird kommen !!!

denk Dir eine
Inschrift aus

mach zum Nachdenken
einen Ausflug zum
Friedhof Hohenschönhausen

Gehe in berlin verloren
LOST in berLin
LaSS UN

notiere hier deine Erlebnisse
M die häuser ziehen
3 Tage

mach aus deinen Beobachtungen im Wrangelkiez den Comic von Dürüm & Döner

~~er~~finde kiezsprache

VIEL SPAß AUF DEN NÄCHSTEN SEITEN DAMIT

SO EINFACH: SEHEN GLEICH AUS

DÜRÜM & DÖNER
LOS, ZEICHNE EINE STORY
IM WRANGEL-KIEZ
DÜRÜM, ALTER

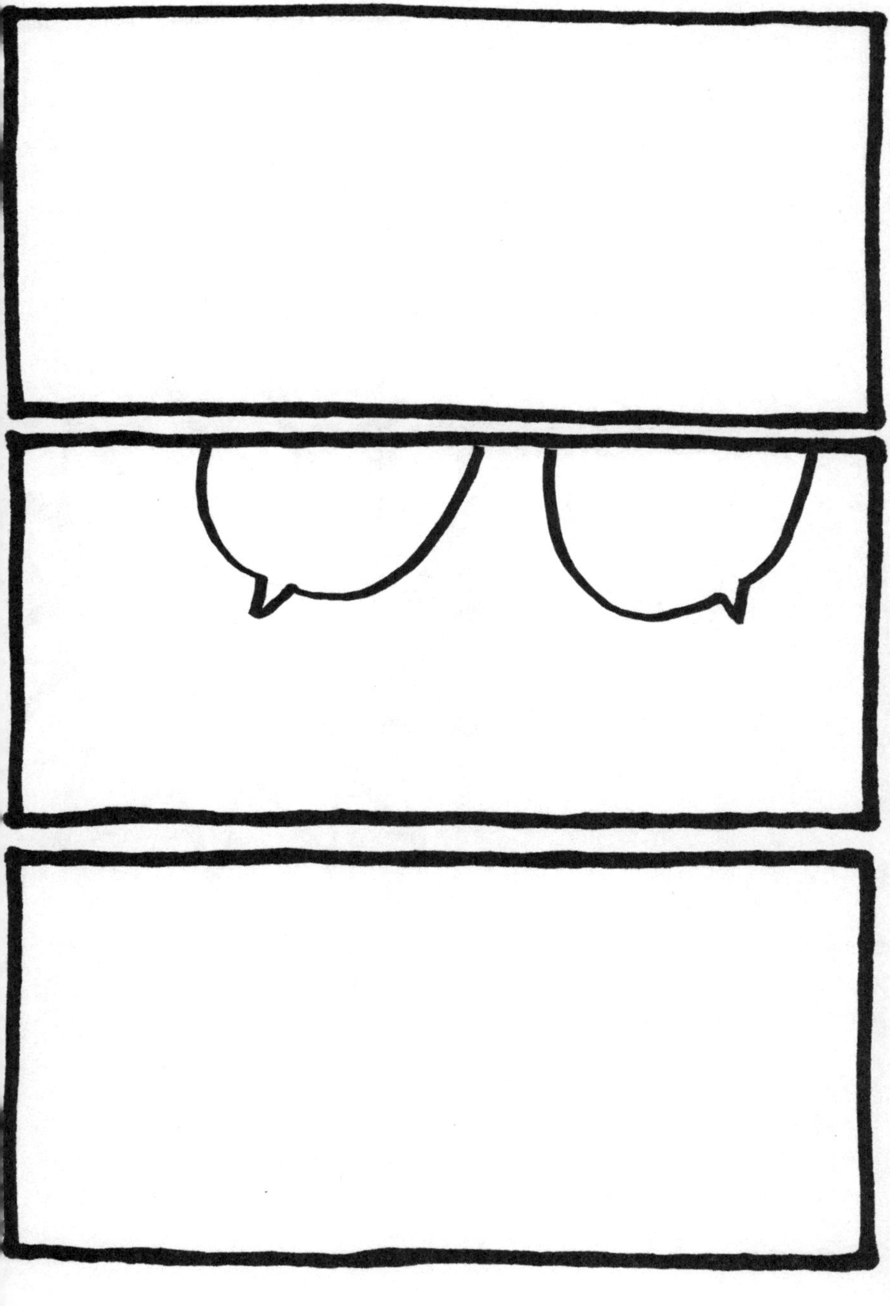

THE END

traust du Dich?

SCHLIEßE MIT MIR BLUTS-BRÜDER-SCHAFT

nimm den
Müll aus einem
Mülleimer im Volkspark
Friedrichshain und
zeichne jedes
Stück

nimm den
Müll aus einem
Mülleimer im Schlosspark
Charlottenburg und
zeichne jedes
Stück

Knicke die Ecke
etwas und reibe
sie mit einer
Speckschwarte ein.
Warte abends an
der Rummelsburger
Bucht, bis eine
Ratte reinbeißt

Social Media

Wie machen es andere? Bist du bereit zum Partnertausch?

Mach die Anzeige fertig und klebe sie in deinem Lieblingskiez an einen Laternenmast

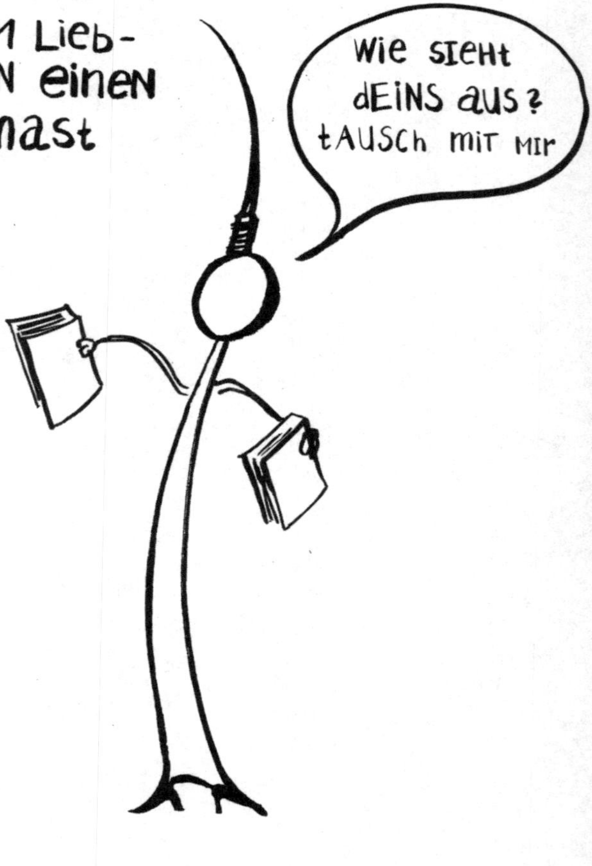

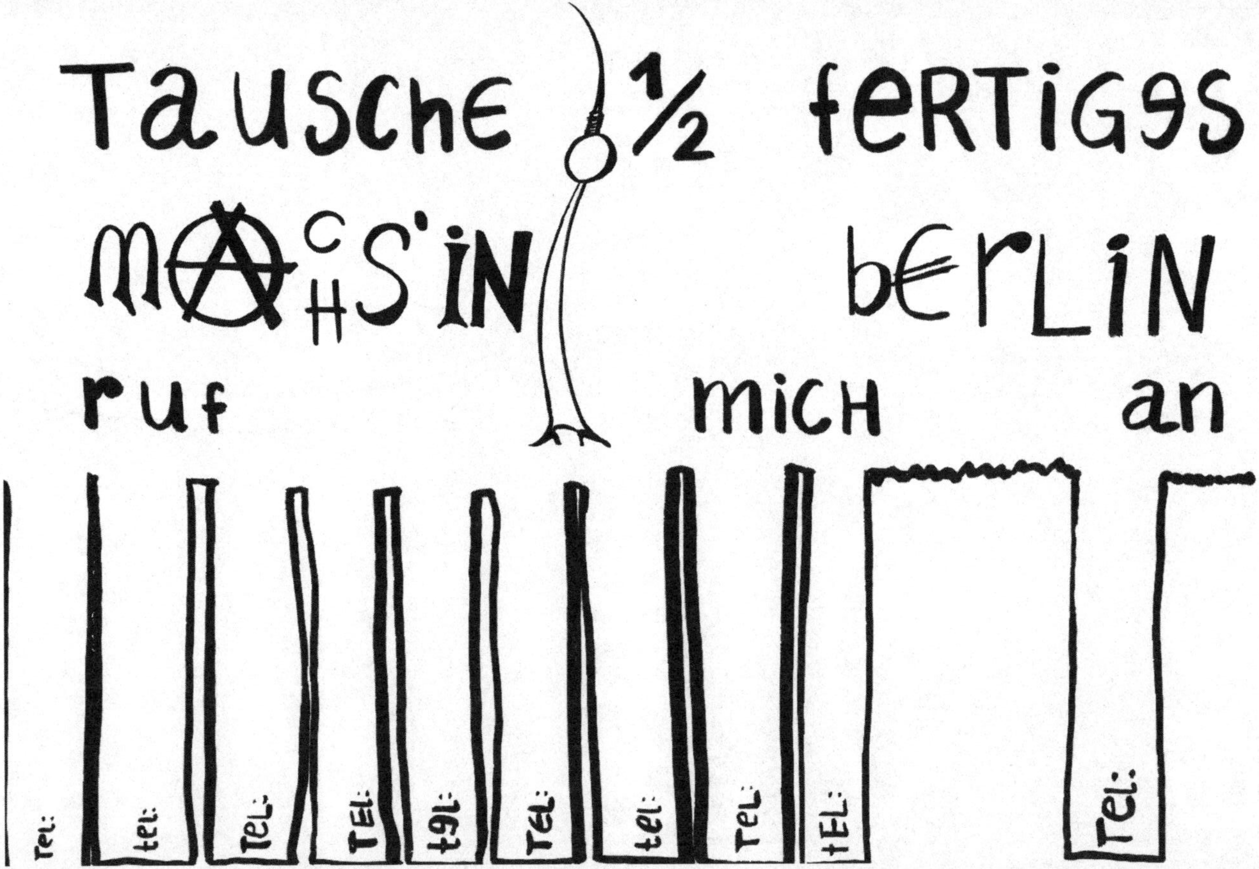

Tausche ½ fertiges
MACHS'IN bERLIN
ruf mich an
Tel:
tel:
Tel:
TEL:
tel:
TEL:
tel:
Tel:
tEL:
Tel:

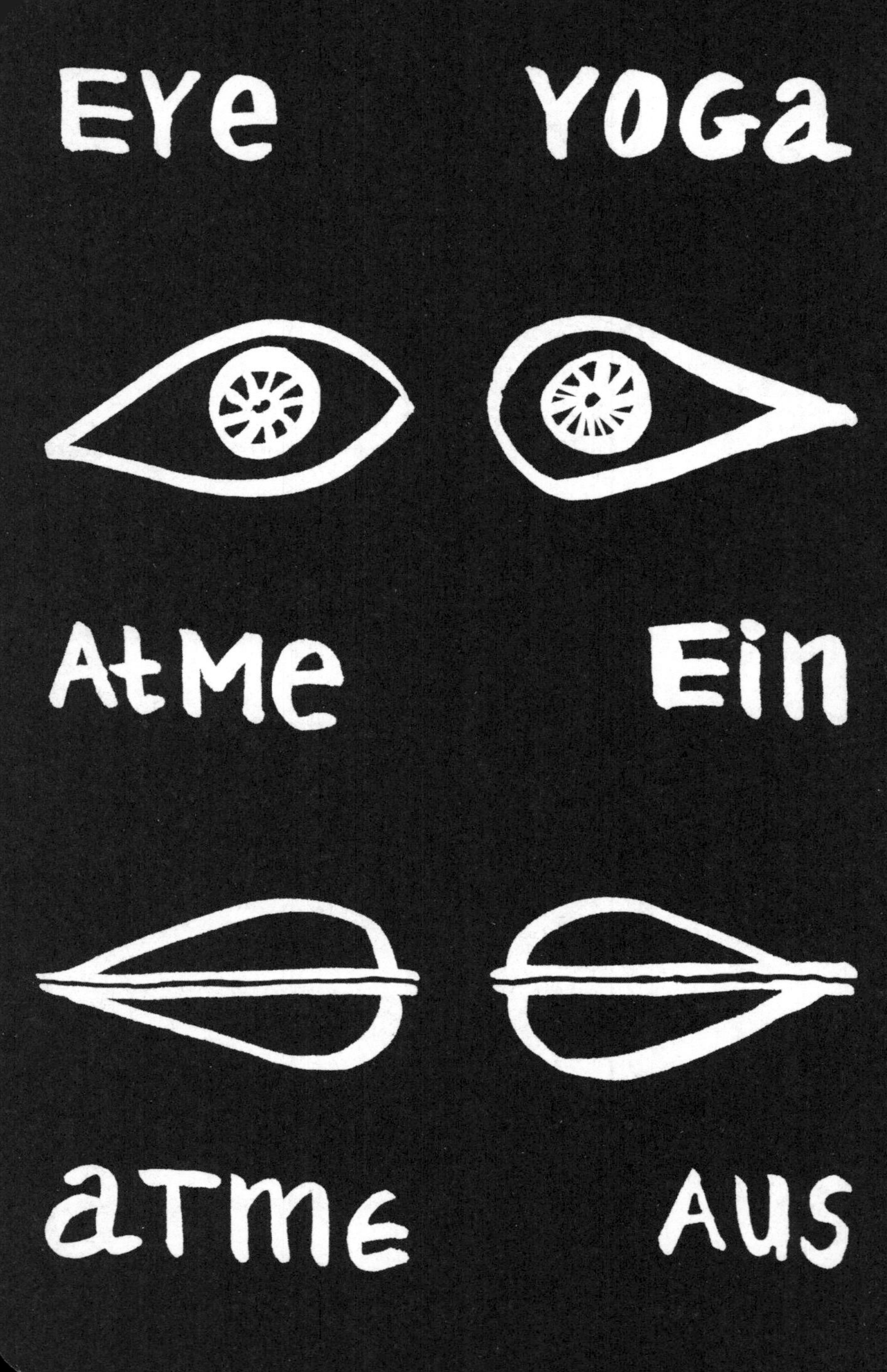

EYE YOGA
AtMe Ein
atme Aus

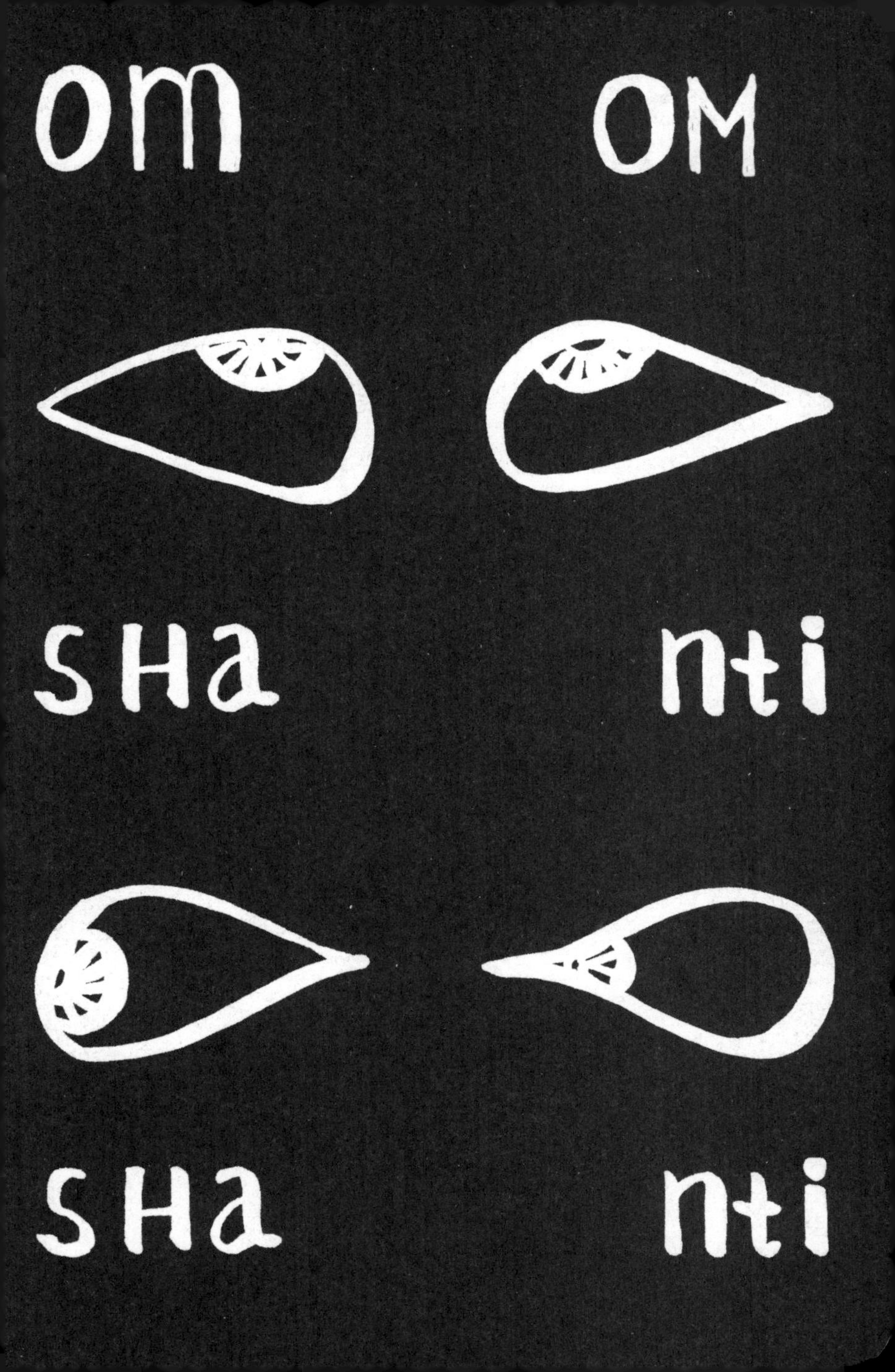
om OM
SHa nti
SHa nti

GEH ZUM KU'DAMM UND VERDIENE MIT MIR GELD

bitTe

eiNE SPendE

berliner spatz

vogelspuren auf
der terrasse vom
cafè am neuen see

KUCHEN-
KRÜMEL
KAKAOFLECKE

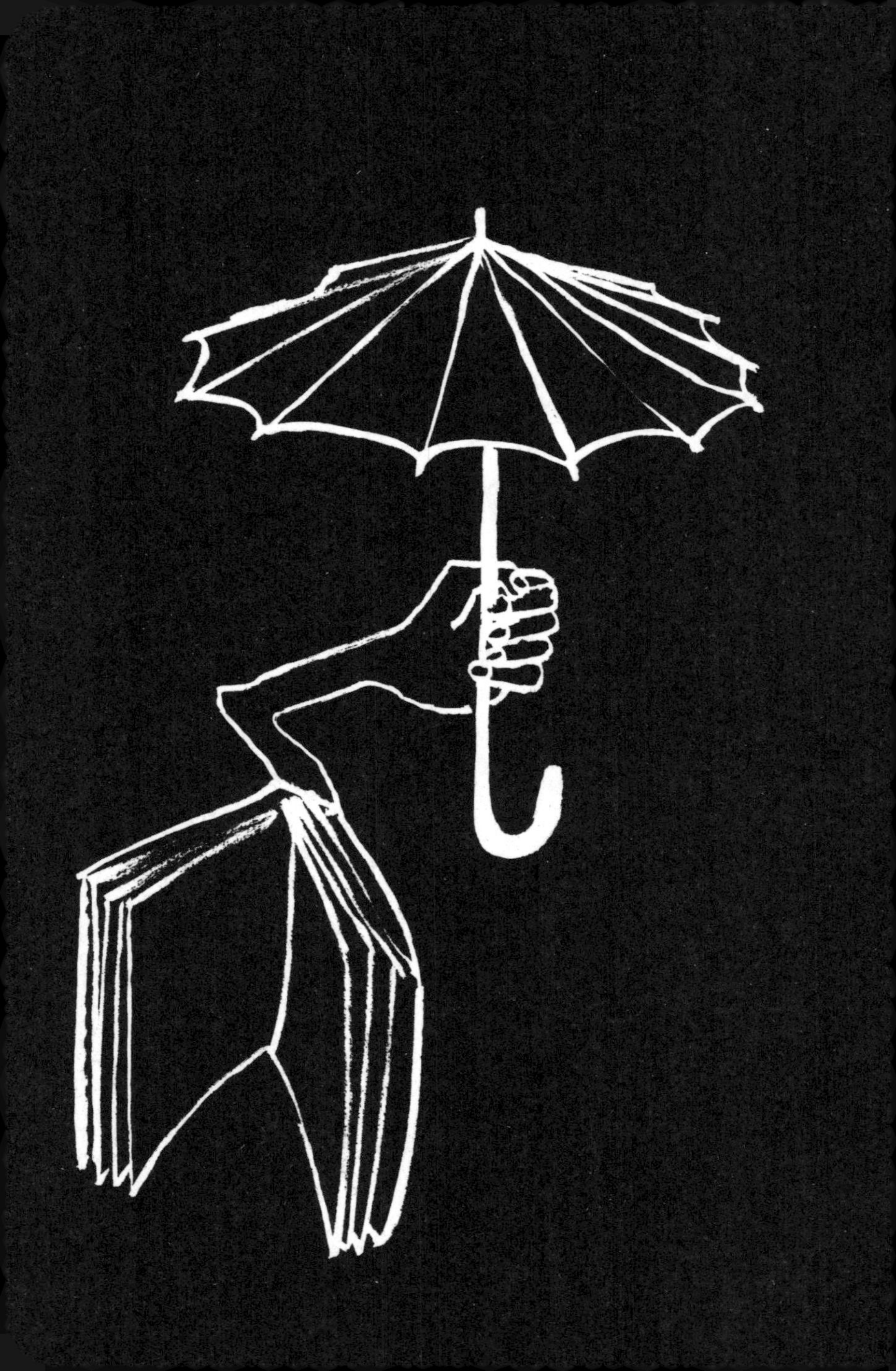

male mit
Filzstiften
einen regenbogen

Lass Die seite
Vom Brunnen
am Strausberger
Platz nass
Spritzen

kennen wir uns?

GEHE IN EINE
BUCHHANDLUNG UND
SCHREIBE VOM MARCO-
POLO-REISEFÜHRER
BERLIN AUF SEITE 61
DIE TIPPS FÜR DEINEN
AUSFLUG NACH
KÖPENICK AB

Gehe ins Berghain und bemale in der Warteschlange deine Arme mit Kugelschreibertattoos

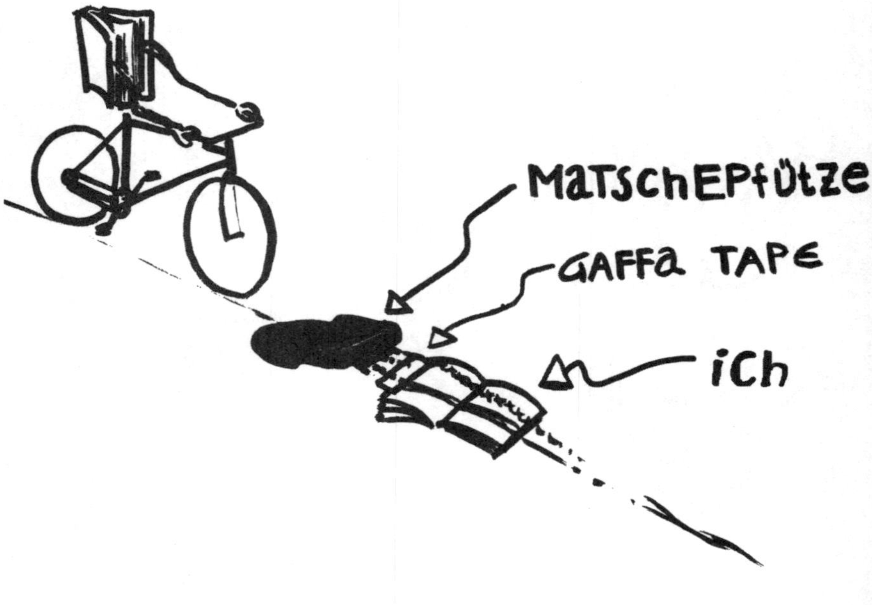
MaTSchEPfütze
GAFFa TAPE
iCh

sammle auf dem radweg
an der straße des
17. juni reifenabdrücke
von einem

fixie
bmx
mtb
hollandrad
beachcruiser
cyclocross
rennrad

BITTE FREMDE LEUTE DARUM, DIE SEITE MIT LIPPEN-STIFT-KUSSABDRÜCKEN ZU GESTALTEN

Gib mir einen so
intensiven
Zungenkuss,
dass die
Seite ein
Loch
kriegt

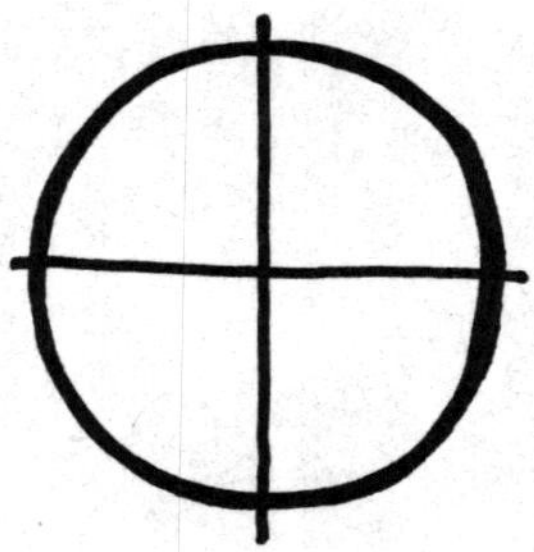

Beiße hier ein Loch aus der Seite

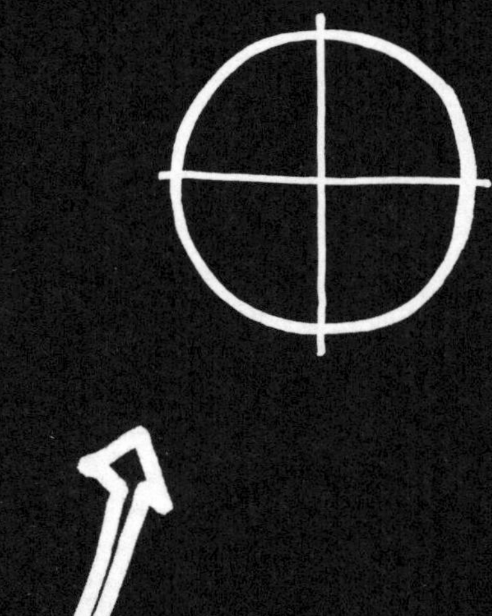

und male es innen schwarz an

Gehe zu einem
Frisör in der
Wrangelstraße
und lass dir eine
Frisur wie
auf dem Bild
schneiden

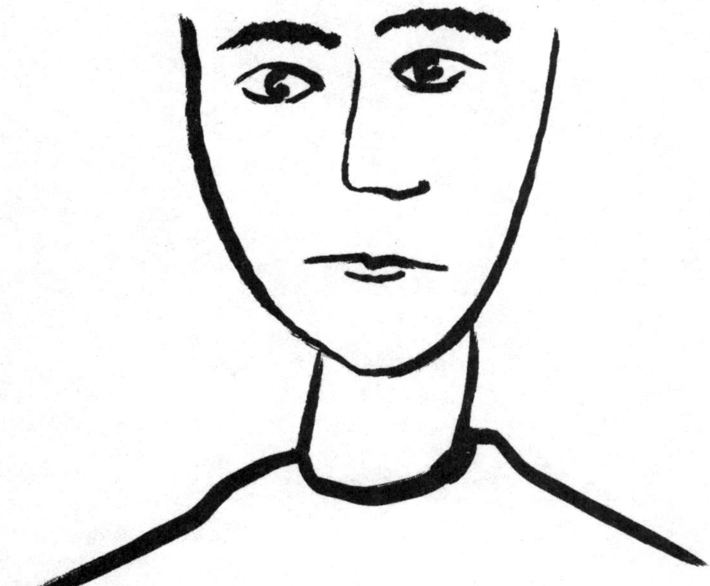

GUTSCHEIN FÜR EINE REISE NACH

Stell dich damit einfach an die Straße

*wir übernehmen weder Haftung noch Garantie**

** kann trotzdem toll werden

münchen

hmmm

ZEICHNE VON EINEM SIMIT VON SIMITCI AM KOTTI DEN UMRISS NACH.

woran erkennt man heute den Westen von Berlin?

Den berliner Osten ?

mach Mit dIR und mir
in MARZahN GANZ
VIELE SELfies

mit 'nem AUTO als hUT und sonnen-brille

Probiere mit den nächsten Seiten aus, wie die Leute reagieren

was DU Bist, nicht bIST, sein willst, nie zugeben würdest
hALTE eINE preDIGT

ICh

ICh

biN

ICh

€UCh

möchtE

WetTEN, du TrAUSt Dich Nicht?
Ich ♥ SchW aBEN

mich nervt berlin,
weil es ....

....

..........und in x-berg so...

....

....

....

....

....auf der castingallee....

....

....

.....................weil alle in
der weserstraße...........

....

.ich liebe ……

… rund um den alex …

…wie in kreuzkölln

zäHle diE Ste

RNE ÜBER BERLIN

FALTE NACH DER ANLEITUNG EINE EISTÜTE UND KAUFE BEI ALDEMIR IN DER FALCKENSTEINSTRAßE FÜNF KUGELN EIS GUTEN APPETIT!

Hier knicken

diese Kante an die Klebekante kleben

hier KNicken

KLebEKANte

KLEbefLäche

Zeichne blind das
Brandenburger Tor

LASS
VON 'NEM HIPSTER
IN LICHTENBERG
EINEN TRENDSCHUH-ABDRUCK
INS BUCH MACHEN

SAMMLE berl

iner Klosprüche

GEHE IN DIE WUHLHEIDE UND SCHNEIDE AUS EINEM BUSCH FÜR MICH EINEN SELFIESTICK
FREU DICH ÜBER DIE FOTOS, DIE DU NIE MACHST

klebe
ein blatt
auf
dieses
BLATT

GEHE ZU EINEM DER LETZTEN KOHLENHÄNDLER VON BERLIN UND MAL DAS BRIKETT MIT EINEM BRIKETT AN fahre nach Marzahn ans Ende der Allee der Kosmonauten.

Male den Kosmonauten genau in den Farben der Plattenbauten aus.

CCCP

fahRE zum MitTeL

ZEichne, was
DU HörST

Schreibe, was
du siehst

Punkt von Berlin

kaufe
3 berliner
tageszeitungen
schneide möglichst
oft >Berlin< aus und
klebe diese Doppelseite
damit voll

Gehe in ein Wohnhaus, das gerade saniert wird, ziehe ein Stück Tapete ab und klebe es ins Buch ein

GEHE IN DIE ROST-LAUBE DER FU BERLIN UND BESUCHE EINE VORLESUNG.

SCHREIBE MIT

SHOPPING & TRANSLATION

auf den nächsten Seiten gehen wir an viele Orte in Berlin einkaufen.

Suche dir dort Leute, die dir einen Satz in eine andere Sprache übersetzen.

Bitte falte dazu meine Seiten so wie auf den Zeichnungen.

Überall werden dir hilfsbereite Menschen beim Übersetzen helfen

Gehe zum Maybachufer, Obst einkaufen. Bitte jemanden, dir ins Türkische zu übersetzen.

ich hab noch einen Koffer in Berlin
deswegen muss ich da nächstens wieder hin

Lütfen Türkçe'ye çeviriniz ve metni yazınız'

....

....

....

GEHE ZU KUMRU KURUYEMIS IN DER WRANGELSTRAßE
NÜSSE KAUFEN UND BITTE DEN VERKÄUFER,
AUS DEM TÜRKISCHEN INS DEUTSCHE ZU ÜBERSETZEN.

LÜTFEN ALMANCA'YA ÇEVIRINIZ VE METNI YAZINIZ'

Gehe zum Dong Xuan Center in der Herzbergstraße
und kaufe dir ein T-Shirt mit einem Tiger drauf.
Frag die Händler, ob sie für dich übersetzen können

Xin vui lòng dịch và viết liếng Việt

GEHE IN MITTE ZU MONSIEUR VUONG EINE Phở ESSEN UND BITTE DAS PERSONAL, DEINEN TEXT WIEDER INS DEUTSCHE ZU ÜBERSETZEN.

Xin vui lòng Dịch và viết BẰNG tiếng ĐỨC

GEHE ZUM INTERMARKT STOLITSCHNIY UND KAUFE EINE DOSE KAVIAR. BITTE UM HILFE BEI DER ÜBERSETZUNG INS RUSSISCHE.

ПОЖАЛУЙСТА И ПИСАТЬ ПО-РУССКИ

GEh9 auf dem Kudamm In den Prada Shop. Schau
Nach deinem Einkauf beim Ästhetik Institut
Vorbei und 9rsuche um Übersetzungshilfe

Please translate into German & write it down

hast du auch noch einen Koffer in Berlin? Zeichne, was ausser mir noch drin ist.

iCh HAb noch

....

In Berlin

ICH BIN kein KOFFER

leg mich im
Supermarkt auf
die Obstwaage und
bestimme meinen Wert.
Wähle verschiedene
Obst- & Gemüse-
sorten

KLEBE diE etiKETTEn ins bUCH EiN

Animalisch

feminin

herb

Aphrodisierend

hOL mIR
IM KaDeWe
DUFT PRObeN
WOWW

Geh zum biomarkt AM KOLLWITZPLatz und zähle die kinderwagen
und VIERLINGS-kinderwagen?
Wie VIELE ZWILLINGS-kinderwagen Gibt es auf dem Biomarkt?

wie viele
Drillingskinderwagen?
BÄÄH
mÄÄH
wääh
Gibt es
Eltern mit
Fünf und mehr
Kindern?
Zähle sie

LASS mich im berliNER DOM taufEN
HOLY Shi
Bähh BÄHh

SCHREIBE EINE PLAYLIST MIT DEN BESTEN BERLIN-SONGS

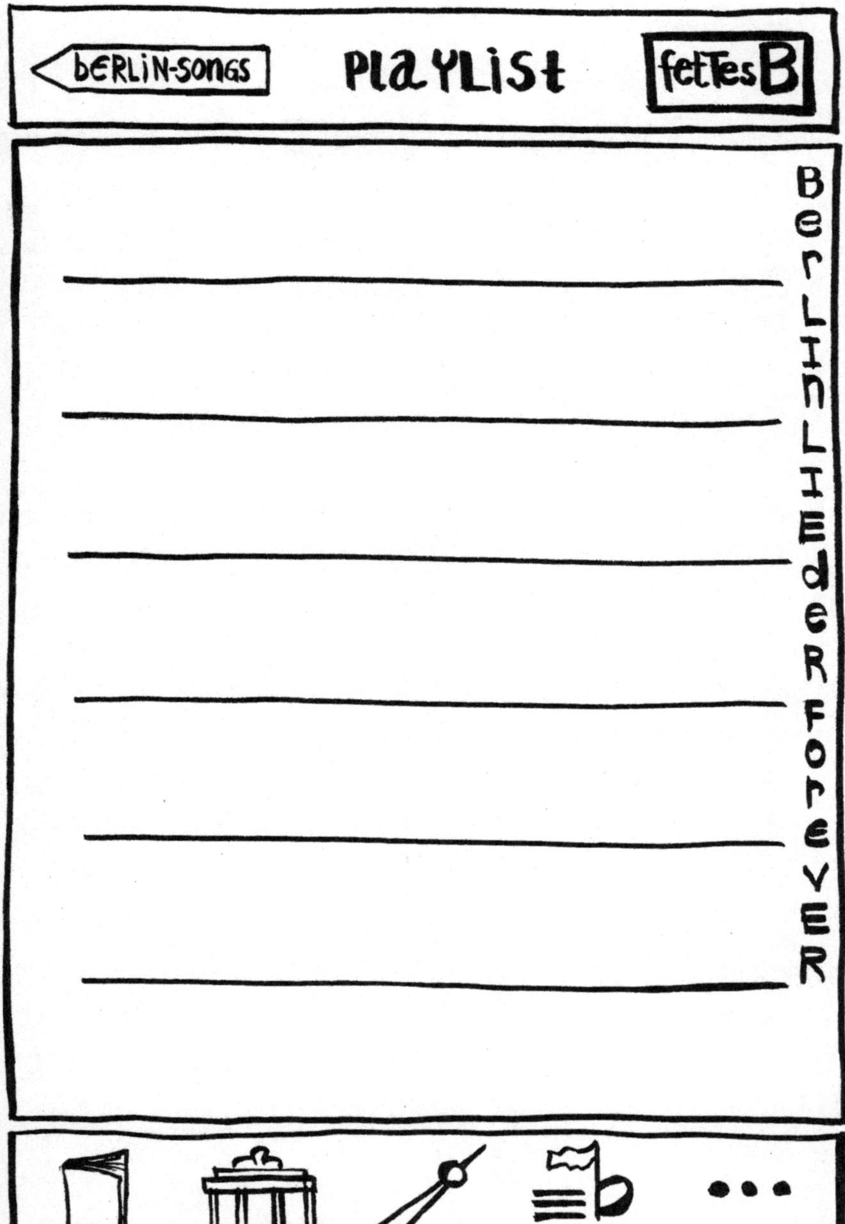
BERLIN-SONGS
PLAYLIST
fettes B
Berlinliederforever

PRESS ZWISCHEN
MEINEN SEITEN
EIN MAUERBLÜMCHEN
AUS DEM
MAUERPARK

ERFINDE EINEN LEBENSLAUF

ANREGUNGEN:
NAME, GEBOREN IN, AM, UM.
ELTERN, NAME MUTTER, BERUF ELTERN.
GESCHWISTER.
LIEBE, HEIRAT, KINDER.
LEISTUNGEN IM BERUF.
LÄNDER, ORTE, HAUS, BESITZ.
KRIEG & FRIEDEN
TOD

KLEbe dAS FOto
hier Ein

male Marlenes Beine

BENUTZE nur WÖRTER VON SCHILDERN
CAFÉ
SCRABBLE
KIEZ

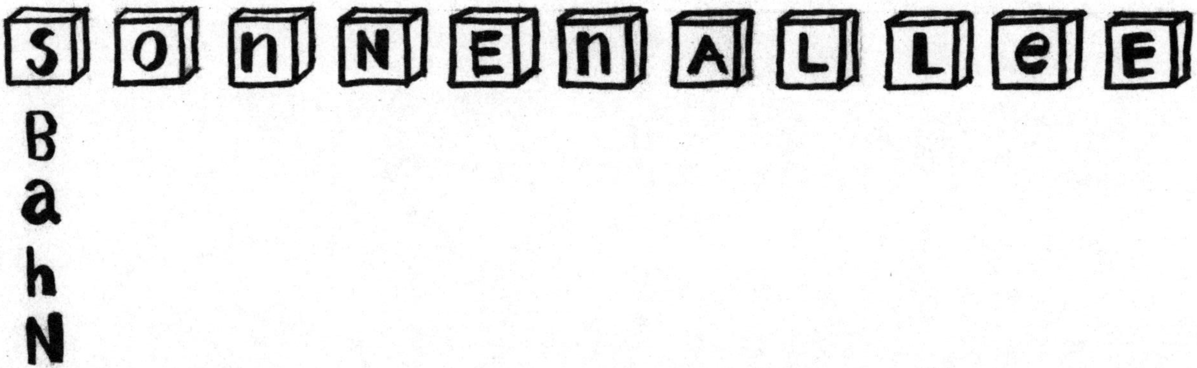
SonnENALLeE
BahN

lass DIR IN der Änderungsschneiderei Emre diese Doppelseite zunähen

GEHE in dIE cafeteria vom hAUPtGEbÄUdE dEr TU berlin UNd lASS dIR VON eINEM nerd dIE Rechte SEITE fERTIG zeichNEN

name	Schritte	RANG

motiviere vor
dem Olympiastadion
möglichst viele Leute,
beim Buchweitwurf
mitzumachen
notiere die weiten

MACH BEIM FAHRRADABSTELL-PLATZ VOM PRATER MÖGLICHST VIELE ABDRÜCKE VON FAHRRADKETTEN

Lass dampf ab!! Schreib dem bürgermeister, was du schon immer loswerden wolltest bitte freimachen

An den regierenden
Bürgermeister von Berlin
Senatskanzlei
Judenstraße 1
10178 Berlin

male für den Bürgermeister ein schönes Bild.

Oder lass noch mehr Dampf ab.

Scheiß Köter

dufte

beobachte, wo hunde im kiez ihre reviergrenzen markieren. leg mich dort hin

NEIN!!
SCHEIßE

drucke
EINEN HUNDE-
KOThaufen

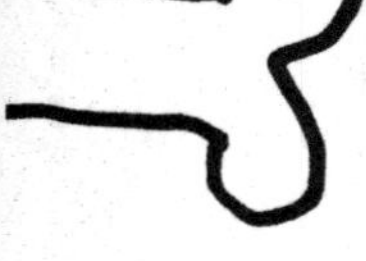

du FiNDEST,
Ich stinKE?

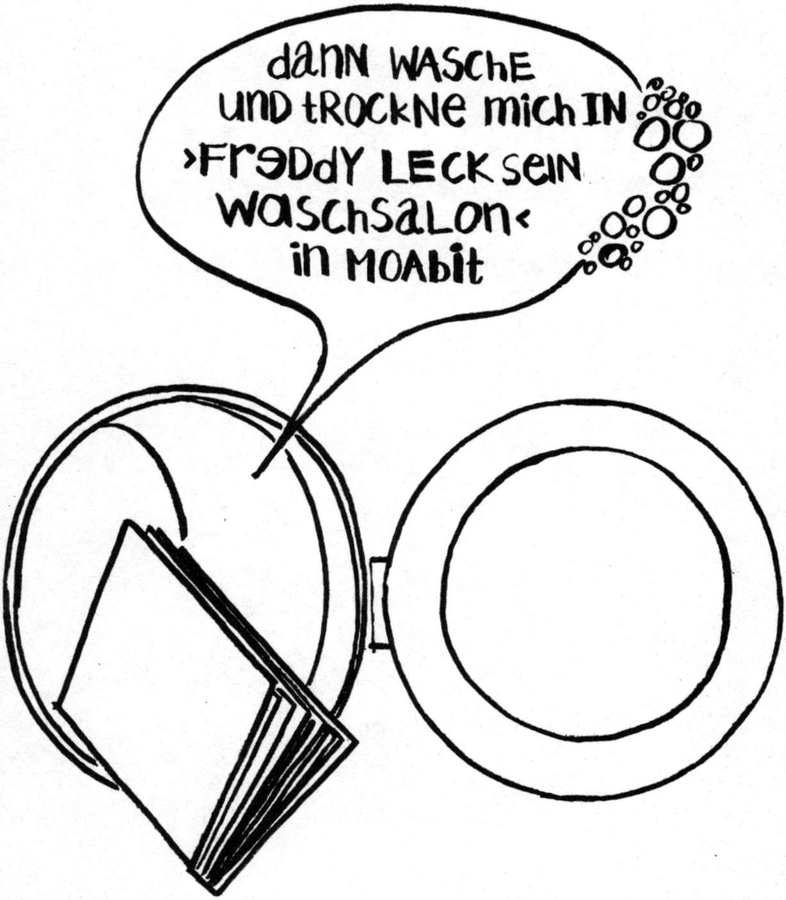
dann WASche und trocKne mich IN ›Freddy Leck sein Waschsalon‹ in MOAbit

% HOCHPROZENTIG %

Was hast du mit
mir bloß gemacht?
Hast du dich mit
mir geekelt, wie
oft haben wir
gemeinsam Ärger
gekriegt? Wen hast
du durch mich kennen-
gelernt?

Was ist jetzt in
mir drin?
Bewerte in %, was
keiner messen
kann!!!

Na, wie war ich?

du mich auch?

Konzept,
Text
&
Illustration
Wolfgang
Grillitsch
Machs in Berlin
Printed in Germany

Konzept & Projektleitung
CCS Schmid,
Carolin Schmid

Lektorat
Jens Bey

1. Auflage 2017

FSC
www.fsc.org
MIX
Papier aus verantwortungsvollen Quellen
FSC® C083411